Bibliografische Information der Deutschen Nationalbibliothek:

Die Deutsche Bibliothek verzeichnet diese Publikation in der Deutschen National-bibliografie; detaillierte bibliografische Daten sind im Internet über http://dnb.d-nb.de/ abrufbar.

Impressum:

Copyright © 2017 GRIN Verlag
Druck und Bindung: Books on Demand GmbH, Norderstedt Germany
ISBN: 9783668649972

Dieses Buch bei GRIN:

https://www.grin.com/document/414022

Joscha Kriegel

Christliche Auferstehungstheorien mit Bezug zur Popularkultur

GRIN Verlag

GRIN - Your knowledge has value

Der GRIN Verlag publiziert seit 1998 wissenschaftliche Arbeiten von Studenten, Hochschullehrern und anderen Akademikern als eBook und gedrucktes Buch. Die Verlagswebsite www.grin.com ist die ideale Plattform zur Veröffentlichung von Hausarbeiten, Abschlussarbeiten, wissenschaftlichen Aufsätzen, Dissertationen und Fachbüchern.

Besuchen Sie uns im Internet:

http://www.grin.com/

http://www.facebook.com/grincom

http://www.twitter.com/grin_com

Inhaltsverzeichnis

1. Einleitung

In dieser Ausarbeitung zu dem Referatsthema „Christliche Auferstehungstheorien" wird in Bezug auf das Referat eine weitere Ausführung der Themen erläutert. Wie bereits im Referat angedeutet, spielt die Auferstehung auch heute immer wieder eine Bedeutung. Und damit ist nicht nur der Kirchenbesuch zu Ostern gemeint oder die gezeigten Nachrichten und Filme über Jesus im Fernsehen. Nein, auch in aktuellen Romanen wie Herr der Ringe oder Harry Potter wird das Thema Auferstehung behandelt.

Doch der Reihe nach. Diese Ausarbeitung ist folgendermaßen aufgebaut: Zuerst wird die Wichtigkeit der Auferstehung für das Christentum dargestellt, da der ganze Glaube auf diesem Ereignis basiert. Anschließend werden drei Bücher der Bibel, die Evangelien Markus, Matthäus und Lukas gegenübergestellt und auf die wichtigsten Aussagen reduziert und verglichen. Auf diese Aussagen der drei Evangelien folgen einige Kritikpunkte, welche den Glauben an Christi Auferstehung und somit am gesamten Christentum in Frage stellen.

Der letzte Punkt dieser Arbeit beschäftigt sich mit der Untersuchung von Auferstehungs-/ Wiedergeburts- oder Reinkarnationssymbolen in modernen Filmen, der Popularkultur. Es soll geschaut werden, wie und womit dieses Wiederauftreten eines Charakters ermöglicht wird und was die bisherigen Ergebnisse dieser Arbeit daraus schließen können.

Eine perfekte Überleitung zum Abschluss dieser Arbeit bietet der eben erläuterte Punkt, da ein kurzes Resümee sowohl über die Auferstehungsgeschichten, der Kritik daran, aber auch dem wiederauftauchen in modernen Medien sich gut zusammenfassen lässt.

Ich glaube an Gott, den Vater, den Allmächtigen, den Schöpfer des Himmels und der Erde.

Und an Jesus Christus, seinen eingeborenen Sohn, unsern Herrn, empfangen durch den Heiligen Geist, geboren von der Jungfrau Maria, gelitten unter Pontius Pilatus, gekreuzigt, gestorben und begraben, hinabgestiegen in das Reich des Todes, am dritten Tage auferstanden von den Toten, aufgefahren in den Himmel; er sitzt zur Rechten Gottes, des allmächtigen Vaters; von dort wird er kommen, zu richten die Lebenden und die Toten.

Ich glaube an den Heiligen Geist, die heilige christliche Kirche, Gemeinschaft der Heiligen, Vergebung der Sünden, Auferstehung der Toten und das ewige Leben.

Amen.

2. Auferstehung Jesu Christi

a. Bedeutung für das Christentum

Der Begriff der Auferstehung ist jeden Sonntag in der Kirche zu hören. Mit dem Glaubensbekenntnis sprechen die Christen ihren Glauben an Gott und der damit verbundenen Geschichte aus „[...] hinabgestiegen in das Reich des Todes, am dritten Tage auferstanden von den Toten, aufgefahren in den Himmel. [...] ich glaube an [...] Vergebung der Sünden, Auferstehung der Toten und das ewige Leben. Amen".[1]

Der Glaube an die Auferstehung Jesu von den Toten ist der Grundstein für den Glauben an das Christentum. Der erste Brief an die Korinther von Paulus lässt daran keine Zweifel: „Wenn es aber keine Auferstehung der Toten gibt, so ist auch Christus nicht auferweckt; wenn aber Christus nicht auferweckt ist, so ist also auch unsere Predigt inhaltslos, inhaltslos aber auch euer Glaube" (1Kor15,13-15[2]). Nach der Auferweckung Jesu haben sich die ersten Gläubigen zusammengefunden um dieses Wunder zu verkünden und wurden somit zu einer Gemeinde.[3] Jesu, welcher durch diesen heiligen Akt der Auferweckung zu Christus wurde, gab den Menschen wieder neue Hoffnung. Diese Geschehnisse, welche zur heutigen Osterzeit stattfanden, gelten als theologischer Ursprung des Christentums.[4]

b. Auferstehungsgeschichten in der Bibel

Das meist verkaufte Buch der Welt, die Bibel[5], enthält unteranderem auch die Entstehungsgeschichte des Christentums und damit die Erzählungen über die Auferstehung Jesu. Allerdings gibt es unterschiedliche Auffassungen, welche sich zum Teil minimal, andererseits allerdings gravierend unterscheiden. In dieser Arbeit soll lediglich auf die Erzählungen von Matthäus, Markus und Lukas eingegangen werden. Wie schon in unserem

---

[1] vgl. Glaubensbekenntnis (http://www.katholisch.de/glaube/unsere-gebete/das-glaubensbekenntnis) (letzter Zugriff: 29.09.2017)
[2] https://www.bibleserver.com/text/ELB/1.Korinther15 (letzter Zugriff: 29.09.2017)
[3] vgl. Schäfer, Phillip, Einführung in das Glaubensbekenntnis, Mainz 1979, 64.
[4] vgl. Schäfer, Einführung in das Glaubensbekenntnis, 64.
[5] http://www.literaturtipps.de/topthema/thema/best-of-bestseller-die-meistgelesenen-buecher.html (letzter Zugriff: 29.09.2017)

Referat, sollen diese drei Evangelien mit einander verglichen werden. Um die Arbeit jedoch nicht zu weit ausschweifen zu lassen, sind hier lediglich vier Merkmale aufgezählt.

Die Untersuchungsmerkmale liegen hierbei auf den Zeugen, welche Worte in dem Grab gewechselt wurden, wer sich in dem Grab aufhielt und was mit der Grababdeckung geschehen war. Durchleuchtet werden die Evangelien von Markus 16,1-6, Matthäus 28,1-6 und Lukas 24,1-10, welche wir in einer Tabelle eigenständig aufgelistet haben:

	Markus[6] 16,1-6	Matthäus[7] 28,1-6	Lukas[8] 24,1-10
Zeugen	Maria von Magdala, Maria Mutter des Jakobus und Salome	Maria aus Magdala und andere Maria	Maria von Magdala, Maria Mutter des Jakobus und Johanna und die andern
Was passiert mit dem Grabstein?	Der Stein war weggerollt	Der Stein wird von einem Engel weggerollt	Der Stein war weggerollt
Wen treffen sie?	Nur den Jüngling	Wache und Engel	Zwei Männer mit glänzenden Kleidern
Worte an die Zeugen	„Entsetzt euch nicht! Ihr sucht Jesus von Nazareth, den Gekreuzigten. Er ist auferstanden, er ist nicht hier."	„Fürchtet euch nicht! Ich weiß, dass ihr Jesus, den Gekreuzigten, sucht. Er ist nicht hier; er ist auferstanden, wie er gesagt hat."	„Was sucht ihr den Lebenden bei den Toten? Er ist nicht hier sondern er ist auferstanden."
Zeugen für die Auferstehung	Der Jüngling	Der Engel	Die zwei Männer

Angefangen mit den Zeugen sind hier bei allen drei Evangelien die beiden Marias genannt, welche zuerst an dem Grab antreffen. Laut Markus und Lukas war der Stein vor den Grab bereits weggerollt und das Grab somit offen, während bei Matthäus ein Engel gerade dabei war den Stein wegzurollen. Als die Zeugen dann in das Grab hineingehen unterscheiden sich die

---

[6] https://www.bibleserver.com/text/LUT84/Markus16 (letzter Zugriff: 29.09.2017)
[7] https://www.bibleserver.com/text/LUT84/Matth%C3%A4us28 (letzter Zugriff: 29.09.2017)
[8] https://www.bibleserver.com/text/LUT84/Lukas24 (letzter Zugriff: 29.09.2017)

Erzählungen. Markus spricht von einem Jüngling, Matthäus von dem Grabwächter und einem Engel und Lukas von zwei Männern in glitzernden Gewänden. Alle drei verschiedenen Zeugen berichten (wenn auch in unterschiedlichen Wortlauten), dass der Tote nicht hier sei, da er auferstanden ist.

Nach diesen Ereignissen in dem Grab wurde zu den Zeugen gesagt, dass sie in die Stadt gehen sollen, da der auferstandene Jesus dort sei. In den drei Evangelien wird anschließend das Treffen mit Jesus beschrieben. Im Matthäusevangelium (28,9-10) fassen die Jünger ihm an die Füße, im Markusevangelium (16,9-12) erscheint er erst Maria Magdalena und anschließend zwei weiteren während im Lukasevangelium (24,15-17) die Zeugen ihn nicht erkennen konnten.

c. Kritik

Doch wie kann es sein, dass jemand der gestorben ist wieder aufersteht? Die Übereinstimmungen in den Evangelien und in der Bibel selbst sind nicht zu beanstanden. Dennoch gibt es einige Kritiker, die diese Erzählungen mit psychischen und physischen Störungen erklären. Einer dieser Kritiker war Joachim G. Piepke SVD.

Piepke sieht eine Auferstehung als „nicht denkbar, ja unsinnig"[9] an, allerdings kann auch er es nicht beweisen. Piepke greift auf den Theologen David Friedrich Strauß zurück, welcher in zwei Bänden[10] die Theorie aufstellte, dass die Jünger Jesu innere Visionen auslösten um mit dem Verlust ihres Anführers besser weiter leben zu können.[11] Einen anderen Gedanken findet Piepke bei Willi Marxsen, welcher mit seinem Buch „Die Auferstehung Jesu als historisches und als theologisches Problem" aus der Auferstehungstheorie eine Interpretationssache macht[12]. Demnach sollen die Jünger bei ihren Verkündungen des „Reiches Gottes" von „Jesus lebt" gesprochen haben. Diese Aussage wurde nach Marxsen bislang falsch interpretiert und meinte im Ursprung, dass die „Sache Jesu"[13] weiter lebt und nicht Jesu selbst.

---

[9] Piepke, Joachim G. SVD, Auferstehungsglaube im Christentum, in: Gächter, Othmar, Reinkarnation oder Auferstehung. Konsequenzen für das Leben. Hg. v. Hermann Kochanek. Freiburg im Breisgau, Wien u.a.: Herder, 1992, 90
[10] Strauß, David Friederich, Das Leben Jesu kritisch bearbeitet, 1835-1836
[11] vgl. Piepke, Auferstehung im Christentum, 92.
[12] vgl. Piepke, 93.
[13] ebd.93.

3. Auferstehungssymbolik in der Popularkultur

Der Begriff Popularkultur entstand in den 1970er Jahren in Deutschland und wird fortan erforscht. Er soll ausdrücken, wie die Leute „sich in Filmen, Fernsehen, Videoclips, Werbung, aber auch Literatur" verhalten.[14]

Wie in der Einleitung bereits beschrieben, gibt es seit geraumer Zeit verschiedenste Filme, in denen die Auferstehung als eine Art Wiederkehr eines Charakters symbolisiert wird. In unserem Beispiel haben wir uns mit dem „Herr der Ringe" beschäftigt. Doch nicht nur in dem Meisterwerk von J.R.R. Tolkien kommt es zu einer Auferstehung. Auch in J. K. Rowlings „Harry Potter" hat sich der Held kurz vor Schluss geopfert um für seine Freunde zu sterben und ist kurze Zeit später (mit etwas magischer Hilfe) wieder auferweckt worden. Das letzte Beispiel stammt von C. S. Lewis und nennt sich „Die Chroniken von Narnia". Auch hier opfert sich ein wichtiger Charakter, um für die Sünde eines anderen einzustehen und wird wenig später auferstehen.

Um diese Ausarbeitung im Rahmen zu halten wird auch hier nur auf den „Herr der Ringe" vergleich eingegangen, da dieses Thema eine eigene Arbeit verdient hätte.

Gandalf der Graue gilt als Anführer der neun „Gefährten", welche aus zwei Menschen, vier Hobbits, einem Elb und einem Zwerg besteht.[15] Uwe Böhm vergleicht ihn schon hier mit Jesus, der seine Jünger anführt.[16] Weiter stellt Gandalf sich einem Balrog[17] um seinen Gefährten den Weg zu frei zu halten und um sie zu beschützen. Nachdem Gandalf den Balrog besiegen konnte und dieser zurück in die Dunkelheit fiel, riss er Gandalf mit in den Tod. Böhm sieht auch hier Parallelen zwischen Gandalf und Jesus, welche beide auf sich alleine gestellt sind. Die Gefährten können Gandalf nicht helfen, genauso wenig wie die Frauen, die bei Jesus am Kreuz standen[18]. Die Wiederkehr Jesu wurde in Kapitel 2.b bereits erläutert, ähnlich verhielt es sich mit Gandalf. Maria Magdalena und die Jünger mussten nur drei Tage warten, bis Jesus auferstanden war. Bei dem „Herr der Ringe" mussten die Leser und Zuschauer auf das nächste Buch, beziehungsweise auf den nächsten Film warten, bis Gandalf in neuer Pracht zu den Gefährten stoß.

---

[14] vgl. Ritter, Werner H, Religiöse Elemente in der Popularkultur und ihre Bedeutung für die Jugendarbeit (https://mthz.ub.uni-muenchen.de/index.php/MThZ/article/viewFile/4255/3471)
[15] Peter Jackson, Der Herr der Ringe. Die Gefährten, 2001
[16] Böhm, Uwe, Religion im Alltag wahrnehmen und deuten. Popkulturelle und symboldidaktische Bausteine für Schule, Jugendarbeit und Gemeinde. Münster, New York, München, Berlin: Waxmann, 2011, 126
[17] Ein Dämon aus der Unterwelt, der in unserem Beispiel den Tod darstellt
[18] vgl. Böhm, Religion im Alltag wahrnehmen und deuten, 126.

Abb. 1: Jesus am Kreuz

Abb. 2: Gandalf beim Sturz in den Tod

Abb. 3: Jesus Auferstehung

Abb. 4: Gandalf Auferstehung

Die Visuelle Umsetzung des Romans von J.R.R. Tolkien durch Peter Jackson (2001-2003) verdeutlicht die oben genannte Szene sehr gut. Bei seinem Sturz in die Tiefe des Abgrundes stellt Gandalf der Graue[19] die Kreuzhaltung von Jesus am Kreuz dar. Ob Jackson dieses so beabsichtigt hat ist nirgendwo bewiesen, aufgrund seiner christlichen Einstellung aber anzunehmen. Denn auch die Auferstehung von Gandalf dem Weißen setzte Jackson gekonnt um. Angelehnt an all' die Fensterbilder und Gemälden überall auf der Welt, auf denen Christus in einem weißen Gewand vor einem grellen Schein steht, so steht auch er, erhobenen Hauptes im düsteren Wald vor einer Lichtung und wirkt wie ein auferstandener Held.

---

[19] Gespielt von Sir Ian McKellen

Fazit

Was bleibt uns aus dieser Ausarbeitung? Nach circa 2000 Jahren gibt es noch immer keine Gewissheit, was während und nach der Kreuzigung Jesu passierte. Die größte Weltreligion[20] mit über zwei Milliarden Anhängern ist aufgebaut auf ein paar Erzählungen. Paulus war einer der Ersten, der all' das in seinem ersten Brief an die Korinther in Frage gestellt hat.

> Wenn aber Christus gepredigt wird, dass er von den Toten auferstanden ist, wie sagen dann einige unter euch: Es gibt keine Auferstehung der Toten? Gibt es keine Auferstehung der Toten, so ist auch Christus nicht auferstanden. Ist aber Christus nicht auferstanden, so ist unsre Predigt vergeblich, so ist auch euer Glaube vergeblich. Wir würden dann auch als falsche Zeugen Gottes befunden, weil wir gegen Gott bezeugt hätten, er habe Christus auferweckt, den er nicht auferweckt hätte, wenn doch die Toten nicht auferstehen. Denn wenn die Toten nicht auferstehen, so ist Christus auch nicht auferstanden. Ist Christus aber nicht auferstanden, so ist euer Glaube nichtig, so seid ihr noch in euren Sünden; so sind auch die, die in Christus entschlafen sind, verloren. Hoffen wir allein in diesem Leben auf Christus, so sind wir die elendesten unter allen Menschen
>
> (1Kor15,12-19)

Die Kritiken an den Auferstehungstheorien werden in diesem Zusammenhang voraussichtlich niemals gelöst werden können. Bleibt also für uns Christen zu hoffen, so wie es Paulus bereits beschrieben hat, dass die Erzählungen wahr sind und das Christentum nicht nur aus verwirrten Illusionen entstanden ist.

Doch angenommen, es ist nicht so gewesen wie es in den drei Evangelien beschrieben war, so hat die Popularkultur dieses Bild am meisten geprägt. Immer und immer wieder kommt es in allen möglichen Genres, von Kinderfilmen über weltberühmte Romane bis hin zu Science-Fiction Blockbustern zu religiösen Symbolen. Es liegt dabei aber sicherlich im Interesse der Autoren, egal ob Drehbuch oder Roman, dass diese Symbole auf die für sie so wichtige Religion hinweisen, hoffentlich zum Nachdenken anregen und an dem Glauben weiter festzuhalten.

---

[20] http://weltreligionen.lexas.org/

Literaturverzeichnis

Böhm, Uwe, Religion im Alltag wahrnehmen und deuten. Popkulturelle und symboldidaktische Bausteine für Schule, Jugendarbeit und Gemeinde. Münster, New York, München, Berlin: Waxmann, 2011.

Piepke, Joachim G. SVD, Auferstehungsglaube im Christentum, in: Gächter, Othmar, Reinkarnation oder Auferstehung. Konsequenzen für das Leben. Hg. v. Hermann Kochanek. Freiburg im Breisgau, Wien u.a.: Herder, 1992.

Marxsen, Willi, Die Auferstehung Jesu als historisches und als theologisches Problem. Gütersloh: Gütersloher Verlagshaus G. Mohn. 1969

Schäfer, Philipp, Einführung in das Glaubensbekenntnis. Mainz: Matthias-Grünewald-Verlag, 1979

Strauß, David Friedrich, Das Leben Jesu, kritisch bearbeitet. Tübingen: Osiander, 1835

Strauß, David Friedrich, Das Leben Jesu, kritisch bearbeitet. Tübingen: Osiander., 1836

Quellenverzeichnis

1Korinther15
URL: https://www.bibleserver.com/text/ELB/1.Korinther15 (letzter Zugriff: 29.09.2017)

Apostolisches Glaubensbekenntnis
URL: http://www.katholisch.de/glaube/unsere-gebete/das-glaubensbekenntnis (letzter Zugriff: 29.09.2017)

Bernd Schmellenkamp, Literaturtipps.de
URL: http://www.literaturtipps.de/topthema/thema/best-of-bestseller-die-meistgelesenen-buecher.html (letzter Zugriff: 29.09.2017)

Lukas24
URL: https://www.bibleserver.com/text/LUT84/Lukas24 (letzter Zugriff: 29.09.2017)

Markus16
URL: https://www.bibleserver.com/text/LUT84/Markus16 (letzter Zugriff: 29.09.2017)

Matthäus28
URL: https://www.bibleserver.com/text/LUT84/Matth%C3%A4us28 (letzter Zugriff: 29.09.2017)

Peter Jackson, (Film) Der Herr der Ringe. Die Gefährten, 2001

Ritter, Werner H, Religiöse Elemente in der Popularkultur und ihre Bedeutung für die Jugendarbeit,
URL: https://mthz.ub.uni-muenchen.de/index.php/MThZ/article/viewFile/4255/3471 (letzter Zugriff: 29.09.2017)

Abbildungsverzeichnis